Documents manquants (pages, cahiers...)
NF Z 43-120-13

DE LA MUTUALITÉ

ENTRE LES HOMMES DE TROUPE

DE LA
MUTUALITÉ

ENTRE LES

HOMMES DE TROUPE

---

*La Mutualité est encore dans l'Enfance...........
Quand on découvre ses effets certains et qu'on
pressent ses résultats possibles, il semble qu'on
pénètre dans un monde merveilleux, où le rêve le
plus idéal prend la consistance et la réalité de
la vie.*

(HYGIÈNE SOCIALE.)

PARIS
HENRI CHARLES-LAVAUZELLE
Éditeur militaire
10, Rue Danton, Boulevard Saint-Germain, 118

—

(MÊME MAISON A LIMOGES)

DE LA MUTUALITÉ

ENTRE LES HOMMES DE TROUPE

PREMIÈRE PARTIE

CHAPITRE PREMIER

Considérations générales.

Personne, aujourd'hui, n'oserait mettre en doute les bienfaits de la mutualité. Les résultats qu'elle donne tous les jours et dans tous les pays plaident plus éloquemment sa cause que tout ce que l'on pourrait écrire sur ce sujet ; ils démontrent jusqu'à l'évidence que l'association, dans un but pratique de soulagement des misères humaines, est désormais entrée dans les mœurs et qu'elle y est ancrée profondément. En France, il suffit d'ouvrir les yeux pour constater que partout des sociétés de secours mutuels, d'assurance, de prévoyance, se créent, fonctionnent et prospèrent.

L'armée doit-elle échapper à ce puissant mouvement de fraternité et de solidarité ? Jusqu'à ces dernières années, on était en droit de se le demander, mais aujourd'hui le doute n'est plus permis, et on peut dire que la question est à peu près résolue, du moins en ce qui concerne les officiers.

Nous ne nous proposons pas d'étudier ici un système

quelconque de mutualité à adopter en faveur des officiers de notre armée.

Nous voulons, pour le moment, nous occuper exclusivement des hommes de troupe. Car si on a mis en pratique des essais d'organisation de mutualité entre les officiers, nous ne croyons pas qu'on ait songé jusqu'ici à étendre ces essais aux soldats. D'ailleurs, il était logique que le mouvement commençât par les officiers ; de là à l'étendre aux soldats, il n'y a qu'un pas à franchir.

Examinons sommairement ce qui a été fait pour les officiers : des efforts très louables, encouragés par de hautes personnalités militaires, ont été tentés il y a bien longtemps. Nous n'en voulons pour preuve qu'une brochure ayant pour titre : *L'Epargne des Officiers*, publiée en 1869. Nous avons parcouru cette brochure et, quoique parue depuis plus de trente ans, elle est plus que jamais d'une saisissante actualité. Ces efforts sont restés vains en apparence, mais l'idée était semée et, le progrès aidant, elle devait tôt ou tard porter ses fruits.

Depuis 1871, la nécessité de la mutualité dans l'armée est devenue plus impérieuse : le nombre des officiers s'est considérablement accru, l'épaulette est devenue, plus encore qu'auparavant, accessible à tous, pauvres ou riches, et les conditions de l'existence se sont profondément modifiées.

Ces considérations ne devaient pas échapper aux officiers généraux. Pour que la mutualité devînt effective, il suffisait qu'un homme de bien se dévouât et prît l'initiative d'une mesure dont le besoin se faisait sentir depuis longtemps. Ce fut l'œuvre et ce sera un jour la gloire du général Philebert.

La société de prévoyance qu'il vient de fonder, avec le concours de nombreux officiers généraux et supérieurs, est certainement appelée à rendre les plus grands services. Elle ne se développe que trop lentement, mais nous sommes convaincu que bientôt tous les officiers soucieux de leurs intérêts et de ceux de leur famille seront membres de l'Union centrale des officiers retraités des armées de terre et de mer.

Mais, s'il est louable de penser aux officiers, n'est-il pas juste aussi de se demander s'il n'y a rien à tenter en faveur de la troupe? Ce que le général Philebert a réalisé en faveur des chefs, nous voudrions, nous, le voir appliquer, dans le principe, aux sous-officiers et aux soldats, non seulement de l'armée active, mais encore à ceux de la réserve et de l'armée territoriale. C'est le but que nous nous proposons en écrivant ces lignes.

Dans une remarquable étude : *L'Armée en 1900*, publiée par M. Henri Baraude, dans le *Journal des Sciences militaires*, nous lisons ce qui suit : « L'esprit humain progresse sans cesse. Toute institution qui ne suit pas ce mouvement et reste stationnaire, recule. Les changements doivent être incessants, de tous les jours, de tous les instants. Ils doivent suivre non seulement les découvertes de la science, mais encore les usages, les mœurs, les idées, sans quoi les plus belles créations du genre humain décroissent rapidement. »

Si nous ne voulons pas rester stationnaires, ou même reculer, nous devons donc introduire dans notre armée nationale cette mutualité et cette solidarité qui, depuis longtemps déjà, ont pénétré dans toutes les classes de la société civile.

A l'appui de cette thèse, nous pourrions citer les nombreux articles publiés par le général Philebert dans la *Revue mensuelle* et dans la *France militaire*.

Nous en extrayons quelques passages seulement :

« Aujourd'hui, dans le monde entier, chez toutes les nations, l'association seule donne des moyens, des forces, des triomphes. Il serait fâcheux que l'armée seule se tînt en dehors de ce mouvement d'ensemble qui pousse toutes les classes vers l'initiative individuelle, vers la mutualité. »

L'esprit militaire n'est pas mort en France, quoi qu'on en ait dit, mais il faut l'adapter au progrès des mœurs et des idées pour l'entretenir et le fortifier, toujours et sans cesse.

On nous reproche d'avoir oublié trop vite 1870. Tout d'abord, nous ne croyons pas que ce reproche soit bien fondé ; le temps accomplit son œuvre, et c'est un grand remède pour les nations comme pour les individus. On ne saurait nous faire un crime de ne pas être inconsolables ; nous avons pu secouer la honte et nous relever, mais la leçon reste et nous songeons à l'avenir. De graves événements se préparent : la mort de l'empereur d'Autriche peut mettre le feu à l'Europe. Guillaume II ne prend même plus la peine de dissimuler ses intentions. Tandis qu'il proclame, beaucoup trop prématurément du reste, la décadence des races latines, il favorise ouvertement le développement du pangermanisme en Autriche. Il rêve Trieste port allemand, mais il ne l'avoue pas, pour ne pas éveiller trop tôt les susceptibilités de ses alliés les Italiens. Il essaie, sans trop y réussir il est vrai, de germaniser l'armée ottomane, ce qui serait pour lui un acheminement vers la conquête de l'Asie-Mineure.

La politique de Guillaume II n'est pas agressive à notre égard, c'est possible et même probable. Mais consacrerons-nous nous-mêmes cette décadence qu'il affirme en lui laissant mettre la main sur les provinces allemandes de l'Autriche, sans exiger des compensations? Il faut que nous soyons prêts à toutes les éventualités, le danger pouvant venir de plusieurs côtés à la fois.

Si nous parlons moins souvent de revanche, c'est peut-être parce que nous pensons davantage à l'avenir, à notre sécurité et à notre existence, qu'une guerre avec l'Allemagne pourrait mettre en jeu.

Le pays veut la paix, c'est certain ; mais il reconnaît la dure nécessité pour la France d'avoir une armée forte, toujours prête à repousser l'envahisseur et à faire respecter nos droits dans le monde. Aussi ne marchande-t-il pas les sacrifices qu'on lui demande, et c'est pour cette raison qu'il est de toute justice de chercher à les lui adoucir dans la plus large mesure possible. Agir ainsi n'est-ce pas vivifier l'esprit militaire de la nation et empêcher les citoyens de se laisser aller au découragement ?

Le service obligatoire et les périodes d'instruction pèsent lourdement sur toutes les classes de la société et plus particulièrement sur les plus déshéritées.

Comprendrons-nous toujours que la paix armée est un état de choses inévitable en France tant que nous aurons à notre porte un rival sans cesse menaçant et qui ne se repose point ? Rien ne prouve que la bonne volonté de la nation soit épuisée. Mais, sous le poids des charges qui l'écrasent, n'est-il pas à craindre qu'elle ne se laisse séduire par la promesse d'alléger un si lourd fardeau, et qu'elle prête une oreille complaisante aux champions du désarmement. Voilà où est le danger, danger que nous pouvons atténuer en corrigeant l'effet par la cause, c'est-à-dire en rendant plus légères, en temps de paix, les obligations militaires des citoyens.

Le service personnel est un devoir sacré que tout Français doit remplir, mais on nous accordera bien qu'en temps de paix ce devoir n'est nullement incompatible avec les avantages matériels que procurerait à nos soldats un système de mutualité bien compris. Nous croyons, au contraire, que ces avantages contribueraient à leur faire aimer le service, en les débarrassant des soucis que beaucoup d'entre eux apportent à la caserne.

En temps de guerre, il en sera tout autrement. Il s'agira d'une question de vie ou de mort pour la Patrie ; nous nous trouverons en présence de la devise anglaise : « Être ou n'être pas. » Alors toute considération matérielle devra disparaître et chacun devra faire le sacrifice de son bien-être et de sa vie, sans se demander ce qu'il adviendra de lui et des siens. Quand nous aurons vaincu, la Patrie reconnaissante trouvera des forces et des moyens pour secourir les veuves et les orphelins. La mutualité sera un de ces moyens. Elle reprendra tous ses droits, et elle sera d'autant plus efficace qu'elle aura été plus prévoyante.

En France, nous voyons la mutualité étendre ses bienfaits à toutes les classes de la société, à la ville comme à la campagne, aux champs comme à l'atelier, à l'école comme dans l'âge mûr. Il n'est pas possible que la caserne seule lui ferme ses portes.

Le développement que prennent depuis quelques années les sociétés d'anciens militaires n'est-il pas une preuve que nos soldats sentent le besoin de l'association ?

Nous citerons un exemple : quel succès peut être comparé à celui de la Société des vétérans de terre et de mer ? Des sections nouvelles s'organisent chaque jour dans les chefs-lieux de canton les plus reculés, et le soldat libéré d'hier y coudoie le combattant de 1870, voire même le glorieux vétéran des guerres de Crimée et d'Italie.

La France, qui a toujours été la patrie du progrès,

ne doit pas non plus se laisser devancer par les autres nations. Et cependant, nous devons à la vérité de dire qu'en Suisse on est déjà passé de la théorie à la pratique. La mutualité existe dans l'armée fédérale sous forme d'assurance militaire, et la *Revue du Cercle des armées de terre et de mer* a publié sur ce sujet un article très documenté dans son numéro du 10 décembre 1898.

Il existe, en Autriche, une société de secours mutuels d'officiers qui se rapproche beaucoup de l'Union centrale créée par le général Phîlebert. L'empereur François-Joseph lui a accordé sa haute protection, et lui a même fait don d'une somme considérable.

En Russie, il se crée chaque jour, dans beaucoup de circonscriptions militaires, des sociétés de secours mutuels entre les officiers et leurs femmes. Nous croyons même que le ministre de la guerre a été chargé tout dernièrement d'élaborer un règlement d'assurance mutuelle pour toute l'armée. Ce sera la mise en vigueur de cette maxime du général Dragomiroff : « Ne pense pas à toi, pense à tes camarades, tes camarades penseront à toi ». Ce précepte s'applique au temps de guerre évidemment, mais combien ne sera-t-il pas plus facile à mettre en pratique si, dès le temps de paix, les hommes ont contracté l'habitude de la solidarité ?

Nous sommes d'ailleurs fermement convaincu que si l'initiative de l'organisation de la mutualité entre les hommes de troupe ne vient pas des milieux militaires, elle viendra de la population civile. En voici la preuve : tout récemment, il s'est fondé à Paris, dans le 5ᵉ arrondissement, sous les auspices de M. Meurgé, maire, une société dite des « Amis de la classe ».

Cette société a pour buts principaux :

1° De procurer aux soldats pauvres les moyens d'aller en permission au moins une fois par an ;

2° De subvenir aux frais de voyage des parents lorsque ceux-ci se rendent auprès de leurs enfants en traitement dans un hôpital militaire ou lorsqu'ils vont assister à leurs obsèques, en cas de décès ;

3° De procurer aux soldats pauvres des vêtements chauds pour l'hiver (chaussettes, tricots, etc.).

Le mouvement en faveur de nos soldats est donc commencé. Les associations de ce genre vont se multiplier rapidement, et nous les verrons, avant qu'il soit longtemps, réunies en une vaste fédération. D'un bout à l'autre de la France, nous allons assister à un mouvement irrésistible de solidarité entre les recrues.

Certes, l'idée est généreuse ; malheureusement les sociétés de ce genre sont loin d'être parfaites et de répondre à tous les besoins. Il y a plus et mieux à faire. C'est pourquoi nous verrions de préférence l'initiative venir de l'autorité militaire. De plus, une association civile ne peut comprendre que des membres volontaires en plus ou moins grand nombre, et elle est fatalement obligée de leur demander une cotisation, quelque légère soit-elle. Au contraire, une association militaire engloberait tous nos soldats sans qu'il soit nécessaire de leur demander quoi que ce soit, la cotisation se trouvant compensée par de petites économies très facilement réalisables.

Il nous reste un dernier point à examiner. Au-dessus des avantages matériels que nous proposons d'assurer à nos soldats, il y a des intérêts moraux supérieurs qu'il ne faut pas dédaigner.

Beaucoup de gens, sans être les adversaires de nos institutions militaires, pensent et écrivent que l'intérêt qui résulte, pour le bien de l'armée, des périodes d'instruction, n'est pas en rapport avec le préjudice que ces périodes causent à beaucoup de réservistes et de territoriaux. Les intéressés sont trop souvent enclins à prêter l'oreille à ces opinions erronées. Nous essaierons de démontrer, au cours de cette étude, que l'organisation de la mutualité dans l'armée supprimerait bien des critiques souvent formulées à cet égard.

La confiance du soldat dans ses chefs est un facteur important en temps de paix comme en temps de guerre. Le jour où nous aurons écarté de l'esprit du conscrit les préoccupations qui lui font entrevoir le service militaire sous un jour sombre, nous aurons du même coup augmenté sa confiance dans ses chefs et nous l'aurons mis à même de se consacrer tout entier à son instruction militaire. Il le fera d'autant plus volontiers qu'il nous sera reconnaissant de lui avoir adouci, dans la plus large mesure possible, les rigueurs nécessaires du service obligatoire. On voudra bien nous permettre encore d'ajouter, en terminant, que la mutualité du temps de paix sera la meilleure école de la solidarité du champ de bataille.

« Tous pour un et un pour tous », telle doit être la devise du soldat français, en temps de paix comme en temps de guerre.

CHAPITRE II

Nécessité d'organiser la mutualité entre les hommes de troupe. — Avantages qu'elle procurerait, en temps de paix, aux soldats de l'armée active, ainsi qu'aux réservistes et aux territoriaux rappelés sous les drapeaux pour une période d'instruction. — Cas de guerre.

Dans ce chapitre, nous nous proposons d'étudier la nécessité, plus particulièrement pendant le temps de paix, d'une bonne organisation de la mutualité entre les hommes de troupe. Nous envisagerons également le cas d'une guerre européenne ou coloniale, et nous essaierons d'indiquer ce qui pourrait être fait pour soulager efficacement les souffrances et les misères qu'une campagne, même heureuse, entraînerait à sa suite.

Nous ne nous targuons pas d'une philanthropie qui ne serait pas de mise ici. Nous aimons simplement et de tout cœur nos petits troupiers, comme les aiment tous ceux qui les voient à l'œuvre, et nous leur portons tout l'intérêt auquel ils ont droit, intérêt que leurs chefs et la nation entière leur témoignent en toutes circonstances. Nous avons vécu de leur vie, nous avons participé à leurs travaux et nous avons été témoin de leurs joies. Qu'on nous permette d'ajouter que nous connaissons leurs besoins. C'est à ce titre que nous écrivons ces lignes, et que nous résumons brièvement, sauf à les examiner ensuite en détail, les buts multiples que nous nous proposons d'atteindre. Les voici :

1° Secourir les hommes qui, pour une cause quelconque, ont contracté des maladies, des blessures ou des infirmités pendant leur séjour sous les drapeaux, et cela indépendamment des pensions ou des gratifications que l'État peut déjà servir à certains d'entre eux ;

2° Accorder aide et protection, dans certains cas, aux familles des militaires qui accomplissent soit leur service actif, soit une période d'instruction, ou qui viennent à décéder pendant la durée de ce service ou au cours de cette période ;

3° Assurer des funérailles convenables aux militaires décédés étant présents sous les drapeaux ; donner aux parents qui ne les ont pas les moyens de se rendre auprès de leurs enfants gravement malades à l'hôpital, et leur permettre d'assister à leurs obsèques en cas de décès ;

4° Procurer aux soldats dont les parents sont dans l'indigence les moyens pécuniaires de profiter, au moins une fois l'an, d'une permission pour se rendre dans leur famille ;

5° Créer des offices gratuits de placement pour les hommes qui quittent le service et qui n'ont pu encore se procurer d'emploi ;

6° Accorder des secours aux anciens militaires, à leurs veuves et à leurs orphelins privés de moyens d'existence, lorsqu'il aura été reconnu que ces militaires ont accompli au moins une période de 28 ou 13 jours postérieurement à la création de l'institution dont il sera parlé plus loin ;

7° Constituer un fonds de réserve dont les ressources ne pourraient être utilisées qu'en cas de guerre européenne ou coloniale.

Comment réaliserons-nous la première partie de ce programme ? Devons-nous imiter la Suisse et demander à l'Etat de contracter des assurances auprès de nos grandes compagnies au profit des militaires présents sous les drapeaux à un titre quelconque ? Nous ne le croyons pas, pour plusieurs raisons. La première, c'est qu'en matière de mutualité et de solidarité, nous repoussons absolument l'intervention de l'Etat, pour faire appel uniquement à la bonne volonté et à l'initiative de chacun. Or, dans le cas particulier qui nous occupe, il est logique que l'initiative du chef, de préférence à toute autre, supplée à celle qui fait défaut au soldat. Nous dirons même que l'intérêt de la discipline exige qu'il en soit ainsi. C'est pour nous un motif de plus, tout en rendant hommage au dévouement de M. Meurgé, de préférer à la société dite des « Amis de la classe », une société ayant à sa tête des chefs militaires, ce qui ne l'empêcherait nullement d'accepter les concours qui lui seraient offerts, d'où qu'ils viennent.

Une autre raison pour laquelle nous ne pouvons imiter la Suisse, c'est que l'assurance militaire grèverait lourdement le budget de la guerre, déjà très chargé, et cela sans répondre d'une façon complète et satisfaisante aux buts que nous poursuivons.

Ce genre d'assurance est d'ailleurs à la portée de chacun individuellement.

Des compagnies françaises garantissent en effet les militaires de tous grades contre les accidents de guerre, d'émeute ou d'insurrection dont ils peuvent être victimes, et contre les accidents survenant en temps de paix dans un service commandé. Mais l'expérience nous a déjà démontré qu'il faut généralement, pour toucher des compagnies tout ou partie du capital assuré, que les accidents aient entraîné la mort ou des infirmités graves. Or, nous nous proposons de soulager toutes les infortunes, proportionnellement à leur degré et à nos ressources ; les compagnies d'assurances sont donc dans l'impossibilité matérielle de satisfaire à tous nos besoins. Il est bon de remarquer aussi que les bénéfices qu'elles réaliseraient nous resteront acquis et nous permettront d'augmenter l'efficacité de notre œuvre.

Quel moyen pourrons-nous donc employer? Il nous est possible et même très facile de créer une caisse spéciale, que nous appellerons, par exemple, la Caisse mutuelle du soldat.

Nous verrons dans un prochain chapitre quelles pourraient être les ressources de cette caisse, ainsi que son organisation et son fonctionnement.

Nous n'avons pas la prétention de résoudre du premier coup le grand problème de la mutualité dans l'armée. La solution parfaite et définitive ne sera sans doute trouvée qu'après une période plus ou moins longue de tâtonnements et de perfectionnements. Mais nous avons la ferme conviction qu'il est urgent de tenter quelque chose en faveur de nos soldats, et c'est cette conviction que nous voudrions faire partager aux personnes qui, de près ou de loin, s'intéressent à l'armée. C'est pourquoi nous allons tout d'abord examiner en détail les services que la Caisse mutuelle du soldat serait appelée à rendre.

1° Secourir les hommes qui, pour une cause quelconque, ont contracté des maladies, des blessures ou des infirmités pendant leur séjour sous les drapeaux, et cela indépendamment des pensions ou des gratifications que l'État peut déjà servir à certains d'entre eux.

Nous n'avons pas, bien entendu, à nous occuper ici des hommes malades en traitement dans les hôpitaux. Chacun sait qu'ils y reçoivent tous les soins que réclame leur état, et l'on ne saurait se permettre la moindre critique à cet égard.

Nous ne voulons parler que des hommes réformés, ou de ceux qui quittent le service dans un état de santé ne leur permettant pas de se livrer de suite au travail.

En ce qui concerne les premiers, deux cas généraux peuvent se présenter : ou bien les maladies, blessures ou infirmités causes de la réforme ont été contractées dans le service ou à l'occasion du service, ou bien elles l'ont été en dehors du service.

Dans le premier cas, l'État accorde soit une pension de retraite, soit une gratification de réforme. D'une manière générale, la pension de retraite est concédée pour blessures de guerre, mais cependant des accidents graves peuvent y donner droit en temps de paix. La gratification de réforme est surtout concédée en temps de paix.

Quoi qu'il en soit, aux termes de la loi, l'État accorde une pension de retraite lorsque le sous-officier, le caporal ou le soldat blessé ou infirme est hors d'état de servir et de *pourvoir à sa subsistance*, c'est-à-dire lorsqu'il est absolument incapable de se livrer à un travail quelconque.

Quel est le taux de cette pension pour un soldat? Il est de 975 francs pour perte totale de la vue ou amputation de deux membres, de 750 francs pour amputation d'un membre ou perte absolue de l'usage de deux membres ; enfin, il est de 600 francs dans tous les autres cas.

Le taux de la pension augmente avec le grade de l'intéressé ; c'est ainsi que, dans les cas ci-dessus, il est respectivement de 1.170, 900 et 700 francs pour un caporal ou brigadier et de 1.430, 1.100 et 800 francs pour un sergent ou maréchal des logis.

Le taux de la pension est donc proportionnel à celui de la solde, ce qui revient à dire que le grade seul a servi de base à l'établissement du tarif.

Cette façon de procéder est parfaitement logique pour des militaires de carrière, officiers et sous-officiers rengagés, puisque la pension qu'on leur accorde est en rapport avec la situation qu'ils occupaient avant d'être réformés. Mais est-elle juste quand elle s'applique à des hommes accomplissant une, deux ou trois années de service et appartenant à toutes les classes de la société? Nous ne le croyons pas.

Un jeune soldat peut être victime d'un accident avant d'avoir eu le temps de service nécessaire pour être promu caporal ou sous-officier, et c'est parce qu'il aura été blessé dans sa première année de service plutôt que dans sa troisième qu'il recevra une pension de 600 francs au lieu de 800 francs.

De même — et il paraît enfantin de le constater — il arrive très fréquemment qu'un soldat de 2e classe appartenant soit à l'armée active, soit à la réserve ou à l'armée territoriale, a, dans la société civile, une situation et un salaire plus élevés qu'un caporal ou un sous-officier. La pension de ceux-ci, calculée d'après le grade, étant plus forte, il en résulte une disproportion double entre le préjudice causé et la réparation accordée, puisque, d'une part, le dommage est plus grand pour le simple soldat que pour le gradé, alors que la pension est moins élevée.

Même à grade égal, et étant donnés des cas de réforme identiques, la réparation due varie avec la situation des intéressés, et c'est pourquoi nous pensons qu'il eût été préférable de prendre pour base du taux de la pension à leur allouer, non leur grade, mais leur salaire annuel dans la vie civile.

A l'appui de notre opinion, nous citerons cette disposition de l'article 3 de la loi du 9 avril 1898 sur les accidents du travail : « L'ouvrier a droit, pour incapacité de travail absolue et permanente, à une rente égale aux deux tiers de son salaire annuel. »

Dans la plupart des cas, un soldat de 2e classe, incapable de travailler par suite de blessures reçues au service, n'aura obtenu qu'une pension de 600 francs ; c'est admettre, d'après la loi du 9 avril 1898, que son salaire annuel n'était que de 900 francs. Or, à notre époque, une somme de 900 francs constitue un salaire annuel bien minime. Nous en concluons donc que, le plus souvent, la pension de 600 francs sera insuffisante.

On nous objectera, avec raison, que la réforme pour blessures ou infirmités est une exception en temps de paix ; mais nous devons aussi nous préoccuper du temps de guerre, et c'est pour cela que nous créerons un fonds de réserve.

Quoi qu'il en soit, il nous faut prendre les choses comme elles sont. Nous admettrons donc que le grade seul puisse servir de base à l'établissement d'un tarif de pensions, et nous reconnaîtrons que l'état du budget de la guerre ne permet pas d'augmenter le chiffre fixé pour les simples soldats. Mais, en revanche, on voudra bien nous permettre de prétendre que l'on peut, par d'autres moyens, corriger ces imperfections ou tout au moins les atténuer.

Il en est des gratifications de réforme comme des pensions de retraite pour blessures ou infirmités. Dans la plupart des cas, elles sont insuffisantes, et on le reconnaît en haut lieu, puisqu'une récente décision ministérielle vient d'en augmenter le taux. Celui-ci, uniforme pour tous les genres de blessures, est de 300 francs pour un soldat, de 350 francs pour un caporal ou brigadier, et de 400 francs pour un sous-officier (1). Pour les obtenir, il faut avoir été réformé, c'est-à-dire être devenu impropre au service, ce qui suppose déjà un accident d'une certaine gravité.

Il ne nous paraît pas logique que la somme allouée

____

(1) Décision présidentielle du 26 avril 1900.

soit invariablement la même, les genres de blessures et le préjudice qui en résulte pouvant différer essentiellement. Nous trouvons plus rationnelle la disposition suivante de l'article 3, déjà cité, de la loi du 9 avril 1898 : « L'ouvrier a droit, pour l'incapacité de travail partielle et permanente, à une rente égale à la moitié de la réduction que l'accident aura fait subir au salaire. » Nous croyons donc que, là aussi, il y a une lacune à combler.

Nous arrivons maintenant au deuxième cas, c'est-à-dire lorsque les maladies, blessures ou infirmités ont été contractées pendant la présence sous les drapeaux, mais sans avoir été occasionnées par le service. Que se passe-t-il ? L'homme est réformé par congé n° 2 et renvoyé le jour même dans ses foyers. Peu importe qu'il soit malade, infirme, incapable de travailler, sans ressources, parfois même sans domicile et sans pain. Puisqu'il est devenu impropre au service et qu'on ne peut plus l'utiliser, on le renvoie chez lui, sans autre forme de procès. La loi est formelle et l'autorité militaire n'y peut rien changer. Qui n'a encore présente à la mémoire l'histoire de cet artilleur réformé dans ces conditions et qui mendiait en uniforme ? De pareilles situations ne devraient jamais se présenter et elles se rencontrent malheureusement trop souvent.

Et encore il n'est pas toujours facile de bien déterminer si la maladie qui a provoqué la réforme a été causée ou non par le service. Celui-ci a pu contribuer à l'aggraver ou à la développer. C'est le cas de presque tous les hommes de l'armée active réformés pour tuberculose.

La loi admet, en principe, que le service peut être la cause indirecte d'une maladie susceptible d'amener la réforme sans donner droit à une pension.

La preuve, c'est qu'elle dispose que tout militaire

pourraient être appelées à faire face amèneraient fatalement des contestations entre elles et leurs assurés.

Nous préférons donc, aux compagnies d'assurances, la mutualité pure et simple. Les indemnités de chômage réclamées plus haut, nous les trouverons dans l'organisation d'une vaste société de secours mutuels, fonctionnant sous la haute direction de l'autorité militaire. Cette société rendra des services incomparables aux hommes de l'armée active et aux réservistes ou territoriaux. Beaucoup de ceux-ci envisageront avec moins de terreur leur rappel sous les drapeaux ; ils ne chercheront plus à s'y soustraire par des demandes de sursis ou d'exemption et ils seront moins enclins à accepter les théories humanitaires, mais dangereuses, des partisans du désarmement et de la suppression des armées permanentes.

Nous concluons :

La caisse mutuelle du soldat devrait, en temps de paix, et dans la mesure des ressources dont elle disposerait :

1° Augmenter, quand il y aurait lieu de le faire, les pensions de retraite pour blessures ou infirmités et les gratifications de réforme.

2° Secourir les militaires réformés par congé n° 2 lorsqu'ils se trouveraient dans l'indigence ;

3° Accorder des indemnités journalières aux hommes de l'armée active, aux réservistes et aux territoriaux quittant le service dans un état ne leur permettant pas de se livrer de suite au travail.

2° Accorder aide et protection, dans certains cas, aux familles des militaires qui accomplissent soit leur service actif, soit une période d'instruction, ou qui viennent à décéder pendant la durée de ce service ou au cours de cette période.

Nous avons tous lu dans les journaux, lors de l'appel de la dernière classe, la navrante histoire de ce conscrit se présentant à la caserne avec son jeune frère et sa jeune sœur. Ces malheureux étaient orphelins et sans parents pour les recueillir ; seul, l'aîné était capable de travailler, et l'heure venait de sonner pour lui de payer sa dette à son pays. Il prit le seul parti possible en pareil cas, et se présenta au régiment avec son frère et sa sœur. Hâtons-nous de dire que le colonel, touché de tant d'infortune, fit le nécessaire pour leur assurer le pain quotidien. Mais c'était là de la charité privée.

Il nous a été donné de connaître un soldat accomplissant une année de service comme aîné de cinq enfants orphelins de père et de mère. Un de ses frères travaillait, un autre était infirme et avait été recueilli, ainsi que les deux plus jeunes enfants, par des parents éloignés. Ceux-ci n'étant pas riches eux-mêmes, recevaient une indemnité payée par les deux frères aînés. Celui qui était présent sous les drapeaux était parvenu, avant son entrée au service et à force de travail et de privations, à réaliser quelques petites économies. Cette précieuse réserve lui servait non pas à se procurer les distractions ou le bien-être que pouvaient s'offrir ses camarades plus heureux, mais bien à acquitter sa part de la nourriture et de l'entretien de ses jeunes frères.

Citons encore l'exemple de ce réserviste, veuf depuis peu, sans ressources, et se présentant à la caserne avec deux enfants en bas âge.

La liste serait trop longue à dresser des hommes qui, en venant au régiment, laissent derrière eux la gêne et parfois la misère. Ces infortunes, restées sans soulagement, ne contribuent pas à développer l'esprit militaire dans la nation ; au contraire, elles donnent un semblant de raison aux critiques formulées contre le service obligatoire.

Et cependant, tous, nous reconnaissons qu'il est absolument nécessaire que chaque citoyen passe au môins une année sous les drapeaux et conserve, par l'accomplissement des périodes de 28 et de 13 jours, l'instruction qu'il a acquise. Mais alors, ne serait-il pas possible de venir en aide aux familles indigentes, ainsi qu'à des jeunes gens dignes d'intérêt comme ceux que j'ai cités et qui remplissent d'une façon simple et touchante de sublimes devoirs?

Nous admettons volontiers que c'est là une question fort délicate. Il faudrait éviter les abus avec le plus grand soin et ne pas se mettre sur le pied d'accorder des secours à des gens ne faisant que remplir strictement leurs obligations militaires. Il y aurait lieu de procéder sur place à une enquête dont la gendarmerie pourrait se charger, et le secours à allouer, le cas échéant, devrait être proportionné à l'état d'indigence.

Cette idée n'est pas émise pour la première fois. Dans une étude sur la réorganisation de l'armée, étude publiée en 1872, après nos désastres, et approuvée par le général Ambert, l'auteur, un officier supérieur, préconisait la création d'une *Caisse de l'armée*. Cette caisse devait avoir pour but, entre autres, de venir en aide, *en temps de guerre*, aux familles indigentes dont les enfants rentraient alors dans les catégories actuellement énoncées aux articles 21 et 22 de la loi sur le recrutement.

Nous avons dit de venir en aide, *en temps de guerre*, mais dans ce projet de réorganisation — n'oublions pas que nous étions en 1872 — les jeunes gens visés ne devaient aucun service en temps de paix. Puisque, à notre époque, ils sont très justement appelés pour un an, pourquoi ne pas secourir leur famille pendant cette année, si toutefois cette famille est dans le besoin. La choso est beaucoup plus facile en temps de paix qu'en temps de guerre.

Il ne nous appartient pas de préjuger ici du sort réservé au service de deux ans. Admettons néanmoins qu'il puisse être adopté dans quelque temps, et qu'à partir de ce moment tout citoyen doive à son pays deux années de présence effective sous les drapeaux. Il faudra bien alors trouver quelque chose pour venir en aide aux familles malheureuses que l'on privera de leur soutien pendant deux années.

Examinons maintenant ce qui se passe en cas de décès d'un homme présent sous les drapeaux.

Lorsqu'un militaire marié est tué dans un service commandé, la loi accorde à sa veuve ou à ses orphelins, une pension dont le taux est équivalent à la moitié du maximum fixé pour le grade, c'est-à-dire 375 francs pour un soldat, 450 francs pour un caporal ou un brigadier et 550 francs pour un sergent ou un maréchal des logis. C'est assez maigre, mais le nombre des hommes de troupe mariés étant très restreint en temps de paix, nous n'insisterions pas si nous ne songions qu'ici c'est surtout le temps de guerre qu'il faut envisager. A la suite d'une campagne, ils ne seront que trop nombreux les cas où la pension des veuves et des orphelins sera insuffisante ; c'est alors que notre fonds de réserve fera face à la situation.

Lorsque le même militaire, tué dans un service commandé, est célibataire, ses ascendants n'ont droit à aucune pension ou indemnité, même si ce sont des vieillards dénués de toutes ressources. La loi a prévu la pension pour les veuves et les descendants, mais elle a complètement négligé les ascendants. Il n'en est pas de même de la loi du 9 avril 1898 et le paragraphe C de l'article 3 nous paraît beaucoup plus sage : « Si la victime d'un accident mortel n'a ni conjoint, ni enfant, chacun des ascendants qui étaient à sa charge recevra une rente viagère égale, au minimum, au dixième du salaire annuel, sans que le total des rentes ainsi allouées puisse dépasser 30 p. 100 de ce salaire.

Lorsqu'un soldat vient à décéder de mort naturelle, dans un hôpital militaire par exemple, il est évident que l'Etat ne peut rien pour sa famille et n'est nullement dans l'obligation morale d'intervenir. Les parents n'en ressentiront pas moins cruellement le coup qui les frappe, peut-être mettront-ils injustement la mort de leur enfant sur le compte du service militaire ; très certainement ils seront tôt ou tard dans la misère si cet enfant était leur unique soutien.

Supposons qu'un sous-officier rengagé, marié et père de famille vienne à décéder de mort naturelle. Sa veuve et ses enfants seront tout au moins dans la gêne, car ce n'est pas avec la rente annuelle de deux cent cinquante francs exigée lors du mariage que cette famille pourra vivre, même dans l'attente de la concession d'un bureau de tabac plus ou moins hypothétique.

Quelles conclusions tirerons-nous de tout ce qui précède ? La *Caisse mutuelle du soldat* devra, dans la mesure de ses moyens et selon l'état d'indigence des intéressés :

1° Venir en aide aux familles des hommes présents sous les drapeaux, particulièrement à celles des militaires dispensés en vertu des articles 21 et 22 de la loi sur le recrutement, lorsqu'il aura été reconnu, après enquête, que ces familles sont dans le besoin ;

2° Secourir, s'il y a lieu, les veuves, descendants et ascendants des hommes décédés sous les drapeaux, non seulement lorsque la mort aura été causée par le service, mais encore lorsqu'elle sera survenue en dehors du service.

3. Assurer des funérailles convenables aux militaires décédés étant présents sous les drapeaux ; donner aux parents qui ne les ont pas les moyens de se rendre auprès de leurs enfants gravement malades à l'hôpital et leur permettre d'assister à leurs obsèques en cas de décès.

Voici encore un sujet qui n'est pas neuf et dont on s'est déjà préoccupé à diverses reprises. Il nous semble même nous rappeler qu'un membre du Parlement a eu l'intention de porter la question à la tribune de la Chambre.

Nous aussi, nous voudrions voir assurer à ceux de nos soldats qui meurent à l'hôpital des funérailles convenables, et cela sans nous préoccuper de savoir si la maladie ou l'accident, cause du décès, est survenu dans le service ou en dehors du service.

Qui n'a assisté, sans un profond serrement de cœur, à cette triste cérémonie que sont les obsèques d'un soldat mort à l'hôpital ! Si le malheureux jeune homme appartient à une famille aisée, celle-ci aura pu venir assister à ses derniers moments. Elle n'abandonnera pas son cher mort, et elle aura au moins la consolation de lui donner comme sépulture le cimetière du pays natal.

Si, au contraire, il est d'une famille pauvre, peut-être qu'un ou plusieurs de ses proches parents feront le sacrifice de venir assister à ses obsèques, mais le plus souvent le manque de ressources leur refusera cette atténuation à leur chagrin.

Conçoit-on leur angoisse devant cette impuissance ? Le jeune conscrit est parti joyeux, débordant de vie et de santé. Il a écrit régulièrement aux siens ; d'abord les débuts ont été durs, puis tout a bien marché ; il a même pu obtenir une permission pour montrer son uniforme qu'il porte fièrement. Mais, un jour, les parents reçoivent une lettre désolée, leur fils est à l'hôpital, victime d'une épidémie qui sévit dans la **garnison**. Que faire ? Espérer et attendre.

Un peu plus tard, nouvelle lettre. Celle-ci n'est plus du petit soldat qui faisait l'orgueil des siens lors de sa récente permission. Elle est de son capitaine, qui le voit irrémédiablement perdu, et ne veut pas que sa famille reçoive la fatale nouvelle comme un coup de foudre. « Le soldat *un tel* est au plus mal, écrit-il, son état n'est pas désespéré, mais enfin un dénouement fatal est à craindre. Si les parents veulent le voir vivant, ils feraient tout de même bien de se hâter et d'accourir. »

Accourir ! c'est facile à dire, mais avec quels moyens ? La garnison est trop éloignée ; le voyage coûte cher, car il faut payer place entière. Espérons encore, espérons jusqu'au bout. Quels jours d'angoisse et quelles nuits d'insomnie !

On attend fiévreusement l'heure du courrier et on tremble à la vue du facteur. Enfin, c'est un petit carré de papier bleu qui vient jeter le deuil à la maison. C'est fini, l'enfant est mort, on l'enterre le lendemain et les malheureux parents sont condamnés à rester chez eux. Ils ne reverront plus jamais leur fils, si fort et si gai lorsqu'il les a quittés.

Se représentent-ils seulement la cérémonie funèbre dans son horrible simplicité. Heureusement non, car leur désespoir en serait encore accru. Le cadavre a été porté à l'amphithéâtre ; la compagnie à laquelle appartenait le soldat arrive à l'heure fixée, avec un piquet en armes pour rendre les honneurs.

Les officiers, que ce douloureux spectacle émeut plus

qu'ils ne voudraient le laisser paraître devant leurs hommes, saluent une dernière fois celui qui fut un bon soldat, puis le corps est placé entre quatre planches mal jointes que l'administration a nomenclaturées sous la dénomination pompeuse de cercueil.

Une messe hâtivement dite à la chapelle de l'hôpital, un suprême adieu adressé au mort par le capitaine, au nom de la compagnie, péniblement impressionnée, et le funèbre cortège se rend au cimetière. La tombe est surmontée d'une modeste croix en bois dont le temps aura vite raison, puis bientôt les camarades rentreront dans leurs foyers, ou le régiment quittera la garnison. Qui viendra jamais s'agenouiller et prier sur cette tombe ignorée! Quelles mains y déposeront jamais un humble bouquet!

Au foyer paternel, on se souvient, mais on n'a pas même la consolation d'aller pleurer et prier sur la tombe du disparu.

Et quand vient le tour d'un frère plus jeune de partir au régiment, que de craintes, que d'inquiétudes chez la pauvre mère en l'embrassant! Elle pense à son enfant mort qu'elle avait vu partir comme son frère part aujourd'hui, et qu'elle n'a même pas pu embrasser à son lit de mort.

Ah! il lui faut, en ce moment, tout son courage et toute son énergie pour ne pas haïr le régiment; mais elle aime son pays et elle est fière de lui donner un défenseur quand même.

On nous dira que ce tableau est bien poussé au noir, cependant il n'est que trop réel et chacun peut s'en rendre compte.

On nous fera observer aussi que la mort sur le champ de bataille ou aux colonies, loin du sol de la Patrie, est encore plus triste que le décès à l'hôpital. A cela nous répondrons qu'il n'est pas de mort plus glorieuse que celle du champ de bataille. La fosse commune est une des nécessités inéluctables de la guerre, et les braves qu'elle renferme ne sont jamais oubliés. La France entière les confond dans une même pensée de gloire et de deuil ; elle les pleure et les honore comme elle honore et comme elle pleure ceux de ses enfants qui tombent aux colonies, à l'ombre du drapeau qu'ils font respecter aux quatre coins du globe. Aujourd'hui, dans presque tous les chefs-lieux de canton, un modeste monument ou une plaque commémorative perpétue le souvenir des braves tombés au champ d'honneur et transmet leurs noms à la postérité.

Beaucoup de soldats raisonnent et voient les choses telles qu'elles sont. Presque toujours le lugubre enterrement d'un camarade décédé à l'hôpital les impressionnent défavorablement, tandis qu'au contraire un frisson de patriotisme guerrier leur court sous l'épiderme lorsqu'ils rendent les honneurs aux monuments funèbres élevés à la gloire de leurs anciens.

Une mère pleure son enfant tué à la guerre ; mais son chagrin se trouve atténué par le légitime orgueil qu'elle ressent en disant : « Mon fils est mort pour son pays. » Au contraire, la mort à l'hôpital augmente encore sa douleur. Efforçons-nous donc de lui apporter quelques consolations et de lui procurer, si elle ne les a pas, les moyens de venir embrasser une dernière fois son fils mourant, d'assister à ses obsèques, et même de lui donner comme dernière demeure le cimetière du pays natal. Il est vrai qu'ici l'hygiène intervient, mais nous ne croyons pas, bien que nous déclinions toute compétence en pareille matière, que l'intérêt de la santé publique s'oppose bien souvent à la réalisation de notre vœu.

Ces résultats sont-ils difficiles à obtenir ? Non. La

petite somme qu'il nous faudra pour soulager une grande infortune; nous la puiserons dans la *Caisse mutuelle du soldat*. L'esprit militaire ne pourra qu'y gagner, car les familles éprouvées seront moins portées à critiquer le service obligatoire et les soldats seront reconnaissants à leurs chefs de faire pour eux tout ce qu'il est humainement possible de concilier avec les exigences du service.

Avant de terminer cet exposé, nous nous permettrons un mot encore.

Les militaires ont le droit de voyager en payant seulement le quart de place. Supposons qu'un homme de l'armée active, un réserviste ou un territorial doive profiter d'une permission de durée quelconque. Au moment de partir, il tombe malade, entre à l'hôpital et y meurt. Ses parents ou sa femme veulent venir le voir ou assister à ses obsèques ; comme ils ne sont pas militaires, ils doivent, pour voyager, payer place entière. Ainsi, pour la permission, qui n'est pas toujours indispensable ni même utile, on voyage à prix réduit ; pour venir rendre à un malade une visite qui, bien souvent, lui remonterait le moral ou pour le conduire à sa dernière demeure, s'il vient à décéder, on voyage à plein tarif. C'est, à notre avis, plus qu'injuste, c'est parfois inhumain, et il nous semble qu'il devrait suffire de signaler cet état de choses à nos compagnies de chemins de fer pour le faire cesser.

Nous concluerons donc :

La Caisse mutuelle du soldat aura pour but, en temps de paix :

1° De procurer aux familles qui ne les ont pas les moyens de se rendre auprès des leurs, lorsque ceux-ci seront gravement malades pendant leur présence sous les drapeaux ;

2° Elle devra intervenir, par les voies réglementaires, auprès des compagnies de chemins de fer en vue d'obtenir que les membres de la famille aient en cette circonstance, comme en cas de décès, la faculté de voyager sur toutes les lignes ferrées en payant seulement quart de place ;

3° Enfin, elle devra, après entente avec la famille et sur la demande de celle-ci, subvenir à tous les frais des funérailles si le malade vient à décéder.

4° Procurer aux soldats dont les parents sont dans l'indigence les moyens pécuniaires de profiter, au moins une fois par an, d'une permission pour se rendre dans leur famille.

Il est bien rare qu'un soldat ne dispose pas, lorsqu'il veut aller en permission, de la petite somme nécessaire à son voyage. Cependant, le cas peut se produire, et nous l'indiquons sans insister davantage.

Nous ajouterons, en passant, que si nous avons l'ardent désir d'améliorer le sort des hommes présents sous les drapeaux, nous nous défendons de prétendre à une égalité matérielle et absolue qui ne saurait pas plus exister à la caserne que dans la société civile.

C'est la raison pour laquelle nous ne nous proposons pas, comme la société dite des *Amis de la classe*, de procurer aux soldats pauvres des vêtements chauds, tricots, etc., ou des chaussettes. Le service militaire est et doit être un entraînement physique continuel. Tel qu'il existe, l'habillement de nos troupiers est suffisant en toutes saisons, et on n'aurait certes pas pu en dire autant des soldats de la Révolution qui, cependant, ont conquis l'Europe.

Il existe une autre association, dite du *Sou du soldat*. Celle-là aussi a un but que nous n'approuvons pas absolument, bien qu'en elle-même l'intention n'ait rien

que de très louable. Cette société doit, en particulier,
donner une petite somme d'argent à ses adhérents au
moment de leur mise en route pour les manœuvres d'au-
tomne. L'alimentation des hommes est aussi parfaite
que possible, et on a réalisé, sous ce rapport, des progrès énormes. Nous sommes donc d'avis qu'en dehors
de la caserne, surtout, chacun doit se contenter de l'ordinaire de la compagnie et vivre de l'existence commune, d'autant plus qu'aux grandes manœuvres les
fonds d'économie sont employés à améliorer la nourriture habituelle. Que les privilégiés de la fortune se
paient quelques douceurs, c'est bien naturel, et encore,
le plus souvent, la bonne camaraderie et la solidarité les
leur feront partager avec leurs voisins moins heureux.
Il est à craindre que la petite somme remise par le *Sou
du soldat* à ses membres ne soit employée en libations
toujours nuisibles à la discipline et à la santé des hommes. C'est pourquoi nous n'adoptons pas ce système.

**5ᵉ Créer des offices gratuits de placement pour les hommes qui
quittent le service et qui n'ont pu encore se procurer d'emploi.**

Lors de la libération de la dernière classe, peut-être
même dès l'année précédente, un groupe de personnes
charitables avaient organisé à Paris une loterie dont
le produit devait être réparti entre les hommes libérés
se trouvant subitement sans travail ou dans l'obligation
d'être secourus. Nous signalons ce fait en passant, mais
nous ne saurions entrer dans des détails, n'étant pas
suffisamment au courant des résultats obtenus.

Quoi qu'il en soit, cette tentative nous démontre que,
assez fréquemment, des hommes quittent le service après
avoir accompli leurs trois années de présence sans être
assurés de trouver un travail immédiat.

Les officiers cherchent bien à se renseigner à ce sujet, mais le soldat apporte un faux amour-propre à déclarer qu'il a une situation toute prête, ou bien, ignorant encore les désillusions de l'existence, il caresse de beaux rêves et voit tout en rose. Il arrive rarement qu'il se confie à ses officiers et qu'il s'avoue embarrassé. Une autre raison l'invite au silence, c'est qu'il sait bien qu'à peu d'exceptions près, l'officier, malgré sa bonne volonté, ne peut lui être d'aucun secours. Alors il préfère affecter une tranquillité d'âme qu'il n'a pas toujours.

Le voilà donc rendu à la vie civile. Au régiment, on en a fait un bon soldat en même temps qu'un bon citoyen ; on lui a enseigné non seulement le maniement d'armes, mais encore l'amour de la Patrie, le culte du drapeau et l'obéissance aux lois de son pays. N'est-il pas à craindre que cette éducation vienne à sombrer dans les luttes de l'existence ? N'accusera-t-il pas un jour la loi militaire d'avoir brisé sa position et de l'avoir, trois ans après, jeté sur le pavé ?

Nous ne pouvons qu'applaudir à l'action généreuse des personnes charitables qui ont songé à venir en aide aux militaires libérés et se trouvant dans le besoin, mais nous pensons que, pour être efficace, une telle œuvre devrait être ass sur des bases plus larges et être organisée plus solidement que ne peut le faire l'initiative privée.

Grâce à la société qu'il vient de fonder, le général Philebert se propose d'aider les officiers dans la crise, difficile pour certains, du passage de l'activité à la retraite, pourquoi n'aiderions-nous pas nos soldats au moment de leur rentrée dans la vie civile ?

Rien ne s'oppose à la création, pour chaque corps ou service ou dans chaque garnison, d'un office gratuit de placement pour les hommes libérés. Chaque soldat qui désirerait obtenir un emploi en ferait la demande par écrit. Ces demandes seraient centralisées par corps ou par place. Elles auraient été préalablement annotées par le capitaine qui donnerait succinctement des renseignements sur l'intéressé.

Les particuliers qui auraient besoin d'ouvriers ou d'employés s'adresseraient à l'autorité militaire. Celle-ci ferait les propositions, en même temps qu'elle renseignerait sur la valeur et le mérite du candidat, ainsi que sur sa conduite au régiment. Les sujets les plus dignes d'intérêt et les plus méritants seraient proposés en premier lieu, suivant leurs aptitudes, et de cette façon de procéder résulterait un sérieux encouragement au bien.

Quant aux menus frais occasionnés par le fonctionnement de cet office, ils seraient supportés par la *Caisse mutuelle du soldat.*

Si, malgré cette innovation, il se trouvait encore de bons sujets sans travail et sans ressources au moment de leur libération, il serait toujours possible de leur accorder un secours en argent et en rapport avec les sommes disponibles. Pour éviter les abus, on pourrait décider qu'en principe ce secours ne sera pas renouvelable.

Ce rapide exposé montre tout l'intérêt matériel et moral qui s'attache à l'adoption de la mesure que nous proposons. D'une part, elle sera d'une grande utilité à beaucoup d'hommes libérés et, d'autre part, elle resserrera encore plus étroitement les liens qui unissent les soldats à leurs chefs.

Pour nous résumer, nous dirons donc :

La *Caisse mutuelle du soldat* aura pour but :

1° De supporter les frais occasionnés par le fonctionnement d'un office gratuit de placement à créer dans chaque garnison ;

2° De secourir les militaires libérés se trouvant sans travail et sans ressources au moment de leur rentrée dans la vie civile (1).

6° Accorder des secours aux anciens militaires, à leurs veuves ou à leurs orphelins.

Disons, de suite, qu'en principe, cette disposition ne saurait avoir d'effets rétroactifs et que, seuls pourraient en bénéficier les anciens militaires ayant accompli au

---

(1) Au moment où nous achevons d'écrire ces lignes, le hasard nous met sous les yeux un article paru dans le *Journal*, sous la signature de M. Hugues Le Roux.

Cet article a été écrit à propos de la « Maison du soldat », fondée par une femme de bien, Mᵐᵉ d'Erlincourt, qui, à l'heure qu'il est, a déjà placé plus de neuf mille soldats libérés. Nous ne pouvons nous étendre ici sur le fonctionnement de cette œuvre admirable, au développement de laquelle sa fondatrice consacre tous les jours, son énergie, son dévouement et sa fortune. L'Empereur d'Allemagne a compris les immenses services qu'elle rend, puisqu'il a demandé à Mᵐᵉ d'Erlincourt les statuts de la « Maison du Soldat », dans le but de créer dans son empire une œuvre semblable au profit de ses soldats libérés.

Citons quelques-unes des paroles si éloquentes de M. Hugues Le Roux :

« Les deux cent vingt mille jeunes gens qui, chaque année, sont libérés du service militaire, eux qui viennent d'accomplir envers la France un devoir d'amour et que l'on abandonne à la sortie des casernes, que l'on met en route avec un billet de chemin de fer en poche, pour tout réconfort, eux qui n'ont même pas pu économiser pendant leurs années de service la « masse » du prisonnier, que voulez-vous qu'ils deviennent du jour au lendemain, sur le trottoir des villes ?

» Et ceux qui, libérés du service, reviennent du Tonkin ou d'Afrique, grelottant la fièvre, qui voulez-vous qui les emploie dans l'état de santé où ils sont ?

» Les conséquences, on les devine. Vient le jour où c'est la rue qui commence, l'asile de nuit, les hasards d'une corvée alternant avec la main tendue. »

Voilà ce que pensent et ce qu'écrivent des gens qui n'appartiennent pas à l'armée. Nous ne pouvons que reproduire sans commentaires de telles paroles émanant d'un écrivain aussi distingué que M. Hugues Le Roux, mais nous sommes heureux de constater combien elles viennent à l'appui de ce que nous venons de dire nous-mêmes.

moins une période d'instruction postérieurement à la création de la *Caisse mutuelle du soldat*. Si des exceptions devaient se produire, l'autorité militaire seule en serait juge.

Actuellement des secours sont accordés, sur le budget de la guerre, à d'anciens militaires n'ayant pas droit à la retraite et privés de moyens d'existence. Malheureusement les ressources du budget ne permettent pas de faire les choses généreusement. Les demandes, très nombreuses, ne sont que trop justifiées pour la plupart, les crédits sont limités et le Ministre, pour donner satisfaction à un plus grand nombre, en est réduit à n'accorder que des secours dérisoires, à des gens qui ont accompli parfois 14 ans de service, non compris leurs campagnes. Or, aujourd'hui, les hommes de troupe qui comptent 15 années de service ont droit à une retraite proportionnelle, il y a donc là un état de choses regrettable auquel il serait urgent de remédier d'une manière efficace.

Nous avons pu voir, à Paris, un vieillard infirme, qui avait été soldat pendant 14 ans et qui avait reçu la médaille militaire en 1870 sur le champ de bataille. L'État lui accordait un secours à peu près chaque année ; une fois, cependant, il se l'était vu refuser et on lui avait allégué, disait-il, comme motif de ce refus, que la médaille lui constituait une rente de 100 francs. Et il faut reconnaître que cette excuse avait sa valeur, si l'on considère que beaucoup de malheureux sont dans le même cas et ne reçoivent qu'un secours annuel de 50 francs. Le vieillard qui nous occupe avait été en quelque sorte adopté par les soldats d'une compagnie casernée dans un bastion, et il y avait sa « gamelle » matin et soir ; les régiments changeaient, mais toujours le vieux médaillé recevait sa ration ; il était de la famille. Cet exemple ne prouve-t-il pas que nos soldats, loin d'être rebelles à l'esprit de solidarité, le pratiquent au contraire tout naturellement et quelquefois même sans s'en douter. Qu'on leur procure des moyens et on obtiendra des merveilles.

On nous objectera qu'aujourd'hui, en ce long temps de paix, les droits à un secours au titre militaire paraissent peu établis pour des gens ayant accompli 3, 4 ou 5 années de service au maximum. Mais, même dans ceux-là, il s'en trouvera certainement qui auront fait campagne aux colonies et qui, par la suite, verront de ce fait leur santé se délabrer plus ou moins. Pour ceux-là, comme pour d'autres, d'ailleurs, le service militaire pourra avoir été le point de départ d'une série d'infortunes qui les auront conduits tout doucement à la misère. Et pourtant ils n'auront pas le moindre droit à une gratification, encore moins à une pension. C'est alors qu'ils feront appel à leurs jeunes camarades et ce ne sera pas en vain.

Et si un ancien militaire, marié et père de famille, vient à décéder des suites d'une maladie contractée au service, et notamment aux colonies, sa veuve et ses orphelins pourront subitement se trouver dans le besoin, car ce n'est pas le maigre secours prévu par la loi qui pourra les tirer d'embarras. Il faut y avoir trop de droits pour l'obtenir. Une société mutuelle de prévoyance peut seule faire face à ces pénibles situations qui se présentent rarement, il est vrai, mais que nous avons le devoir d'envisager au moment où notre domaine colonial prend de plus en plus d'extension.

Dans l'état actuel des choses, les formalités préliminaires à l'obtention d'un secours sont souvent longues, alors qu'au contraire les besoins sont pressants. De plus, ce secours ne peut être accordé qu'une fois par an.

La *Caisse mutuelle du soldat* permettrait, croyons-nous, d'allouer plus souvent et plus rapidement, sans frais pour l'Etat, des sommes plus élevées.

Les dossiers des anciens militaires susceptibles d'être secourus sont déposés au chef-lieu de corps d'armée. Les nouvelles demandes pourraient être adressées au général commandant la subdivision de région, qui les transmettrait au général en chef avec le résultat d'une enquête faite par les soins de la gendarmerie ou de la municipalité. Les formalités ne seraient ni longues, ni coûteuses ; dans les deux cas, le général en chef pourrait, sans l'autorisation du ministre, donner lui-même l'ordre de paiement aux dates qu'il jugerait convenables et en proportionnant les sommes à allouer aux ressources disponibles des caisses de sa région.

Il est à remarquer que ce service n'entraînerait, pour ainsi dire, aucune dépense au début. Il ne fonctionnerait même réellement que dans quelques années, puisque, comme nous l'avons dit précédemment, un ancien soldat ne pourrait en principe obtenir un secours qu'autant qu'il aurait contribué aux recettes de la caisse.

Nous concluerons donc :

La *Caisse mutuelle du soldat* aura pour but d'accorder des secours aux anciens militaires, à leurs veuves et à leurs orphelins privés de moyens d'existence. La quotité de ces secours et la date de leur paiement seront fixés par les généraux commandants de corps d'armée qui statueront en dernier ressort.

7· Constituer un fonds de réserve dont les ressources ne seraient utilisées qu'en cas de guerre.

Nous nous proposons d'étudier cette question plus loin, en traitant de l'emploi des ressources. Pour le moment, nous voulons simplement montrer en bloc les avantages qui résulteraient de la constitution de ce fonds de réserve.

Tout d'abord il permettrait de mettre à la disposition du ministre de la guerre, le premier jour de la mobilisation, une somme relativement importante et très facilement réalisable.

Ensuite, lors du retour à l'état de paix et après remboursement par l'Etat des sommes qui lui auraient été avancées au début des hostilités, il servirait à secourir, dans une large mesure, les familles victimes de la guerre. Il est clair qu'à la suite d'une campagne, même heureuse, le chiffre des pensions et des gratifications, déjà si élevé, s'augmenterait dans des proportions considérables. Ce ne serait pas le moment de demander à l'Etat de nouveaux sacrifices pour venir en aide aux familles éprouvées, aux infirmes, aux veuves et aux orphelins. Le budget de la guerre ne saurait faire face à tous les besoins et soulager toutes les misères. C'est alors que nous serons heureux de pouvoir puiser à pleines mains dans la caisse de notre fonds de réserve ; ce sera la récompense de notre prévoyante solidarité et, une fois de plus, le triomphe de la fraternité.

Nous croyons avoir suffisamment démontré, dans cette première partie de notre étude, l'utilité et le but de l'institution que nous préconisons, ainsi que les services immenses qu'elle serait appelée à rendre. Nous nous permettrons cependant d'insister encore sur le rôle moral que jouerait la *Caisse mutuelle du soldat*, notamment en temps de paix, en raison des avantages matériels qu'elle procurerait à beaucoup de nos hommes de l'active et des réserves. Elle contribuerait à faire supporter plus allègrement par la masse de la nation les lourdes charges que lui impose le service militaire obligatoire, elle supprimerait bien des critiques souvent

formulées à propos des périodes d'instruction et consé-
quemment elle favoriserait le maintien et le développement de l'esprit militaire chez tous les citoyens.

Elle créerait un lien de plus entre les chefs et la
troupe, parce que les officiers se feraient un devoir de
s'intéresser davantage encore à la situation de leurs
soldats et parce que ceux-ci leur seraient reconnaissants
d'être venus leur tendre une main secourable dans des
circonstances difficiles ou douloureuses.

Enfin, elle serait un trait d'union entre les hommes
de l'armée active et ceux des différentes catégories de
réserve et elle consacrerait pratiquement et définitive-
ment la solidarité qui doit exister entre tous les soldats
d'une grande nation comme la nôtre.

DEUXIÈME PARTIE

CHAPITRE PREMIER

Des ressources de la « Caisse mutuelle du soldat » et de leur emploi.

Nous n'ignorons pas que les opinions émises par nous prêtent parfois le flanc à la critique, on nous fera certainement des objections qui ne manqueront pas de valeur.

On nous dira, par exemple : « De quel droit voulez-vous obliger les hommes de troupe à faire partie d'une société de secours mutuels s'ils ne le veulent pas. La discipline n'exige pas que vous leur imposiez en bloc cette obligation. » A cela, nous répondrons : La mutualité est entrée dans nos mœurs ; presque tous nos soldats font ou feront partie, chez eux, d'une société de prévoyance quelconque et l'immense majorité d'entre eux sera favorable à notre projet, il suffira de les interroger pour s'en convaincre. Si quelques-uns ne comprennent pas leurs véritables intérêts, c'est à nous de leur dessiller les yeux et de leur démontrer qu'au régiment, plus encore qu'ailleurs, l'intérêt général doit primer l'intérêt particulier.

De plus, nous ne leur demandons pas de cotisation, comme nous le verrons plus loin, cette cotisation devant être suppléée par des économies à réaliser sur l'ensemble. Enfin tous, sans exception, quelle que soit leur situation, avant ou après leur passage sous les drapeaux, pourront, à un moment donné, bénéficier de tout ou partie des avantages que nous avons examinés dans le chapitre précédent.

En ce qui concerne les réservistes et les territoriaux, on nous dira aussi que les municipalités viennent en aide aux familles de ceux qui accomplissent une période lorsque ces familles sont dans le cas d'être secourues. C'est juste, mais c'est précisément là un argument en faveur de la suppression des périodes d'instruction, argument qui perd toute sa valeur si le secours à allouer est demandé à la *Caisse du soldat.*

Nous avions songé un moment à exclure les sous-officiers rengagés de notre projet d'association. On peut, en effet, à ce point de vue, envisager leur situation de deux manières différentes. Ou bien ce sont des militaires de carrière, comme les officiers, et il faut leur laisser l'initiative de l'organisation de la mutualité entre eux, ou bien il faut les considérer comme des hommes de troupe et alors les faire rentrer dans la catégorie commune.

Nous adopterons cette deuxième solution qui a, d'ailleurs, l'avantage de ne pas exclure la première et qui, nous en sommes convaincu, ne soulèvera aucune objection parmi les sous-officiers rengagés. Eux aussi sentent le besoin de l'association et ils saisiront avec plaisir, en attendant mieux, l'occasion qui leur sera offerte de faire partie d'une société militaire de prévoyance.

Nous abordons maintenant l'importante question des ressources. Où prendrons-nous, en effet, l'argent nécessaire pour faire face à nos dépenses?

Nous ne pouvons pas songer à prélever la cotisation, si minime soit-elle, sur le maigre sou de poche. Sans doute, il n'y aurait que bien peu de protestations chez nos hommes lorsqu'ils connaîtraient l'emploi de ce prélèvement, mais, à notre avis, le sou de poche est une tradition qu'il faut respecter. M. le colonel Bidault, dans son ouvrage intitulé : *Réforme administrative*, incline en faveur de la suppression du sou de poche, qu'il considère comme un salaire indigne d'une armée démocratique, dont les soldats sont, non pas des mercenaires, mais des défenseurs de leur Patrie. Nous avons le regret de n'être pas tout à fait d'accord avec lui ; ce sou par jour n'a pas, à notre avis, le caractère d'un salaire. Ne servirait-il au soldat qui ne reçoit pas ou très peu d'argent — et il y en a — qu'à écrire à sa famille ou à se procurer le paquet de tabac de troupe, qu'il faudrait le lui laisser.

Nous ne pouvons pas davantage toucher à la masse d'habillement et d'entretien. La prime journalière a été ramenée à sa limite minimum et elle est presque insuffisante dans les régiments du gouvernement militaire de Paris, dont la tenue doit être particulièrement soignée et ajustée.

Il ne nous reste donc plus qu'un moyen, c'est de prélever la cotisation sur le versement que font à l'ordinaire les hommes qui y vivent ; hâtons-nous d'ajouter qu'il faudra trouver une compensation à ce prélèvement, car le versement fait à l'ordinaire par les soldats ne saurait être ramené à un taux inférieur sans avoir pour conséquence la diminution du bien-être des hommes au point de vue de l'alimentation.

Ainsi, en résumé, il nous est impossible de demander notre modeste cotisation à la solde ou aux accessoires de solde qui constituent le budget du soldat. Si nous la prenons sur les fonds de l'ordinaire, il faut que nous la remboursions immédiatement.

Examinons quel pourrait être le taux de cette cotisation. Il est assez difficile de l'indiquer du premier coup, même approximativement, mais en tenant compte des chiffres du projet de la loi suisse, on peut admettre qu'un versement de un centime par homme et par journée de présence constitue un maximum.

Supposons en effet une compagnie à l'effectif de cent hommes.

Le versement annuel sera de 365 francs ; diminuons 3.000 journées d'absence, il nous reste 335 francs, soit en chiffres ronds 5.300 francs pour un régiment à 4 bataillons, non compris les périodes d'instruction des réservistes et territoriaux. Bref, on peut dire sans hésitation que les ressources d'un régiment d'infanterie se monteront au moins à 5.500 francs.

Cette somme nous paraît suffisante pour répondre à tous les besoins et pour servir à la création d'un fonds de réserve. L'expérience nous démontrera si elle est trop faible ou trop forte ; dans le premier cas, nous distribuerons nos secours proportionnellement à nos ressources ; dans le second, il sera toujours possible de diminuer le taux de la cotisation.

Ici encore se présente une objection : « Pourquoi, nous dira-t-on, empruntez-vous le versement journalier de un centime aux fonds de l'ordinaire, pour les leur rembourser immédiatement sous forme d'économies que vous prétendez réaliser ? Ne serait-il pas plus pratique de verser directement ces économies à la *Caisse du soldat ?* » Ce raisonnement est justé, en apparence ; mais il ne faut pas oublier que la cotisation payée pour chaque homme doit être uniforme, tandis que les petites ressources que nous avons en vue ne sauraient être les mêmes dans tous les corps, ni à toutes les époques de l'année.

Quelles sont donc ces ressources ? D'abord le prix de la vente du pain de guerre ou biscuit non consommé.

Qu'on le veuille ou qu'on ne le veuille pas, il y a là une question très importante qui se pose et qui mérite-rait d'être résolue une fois pour toutes.

L'homme ne consomme pas les cent grammes de bis-cuit qu'il reçoit chaque jour et, quoi qu'on fasse, il est absolument prouvé qu'il ne les consommera jamais en temps de paix. Les nombreuses préparations que l'on a mises à l'essai jusqu'ici, biscuit trempé dans le café du matin, soupes grasses ou maigres au biscuit, etc., n'ont jamais eu que des succès douteux et en tout cas très éphémères. Et encore la quantité de pain de guerre uti-lisée de la sorte est-elle relativement faible.

C'est encore à l'état naturel que les hommes consom-ment de préférence le biscuit, principalement au cours des deux ou trois mois qui suivent l'arrivée des recrues, lorsque les longues et froides soirées d'hiver rassem-blent la chambrée autour du poêle. En été, la consom-mation est à peu près nulle, la ration de pain suffit.

Y a-t-il intérêt à obliger le soldat à faire entrer dans son alimentation ce pain de guerre dont il fera peut-être fréquemment usage en campagne? Nous ne le croyons pas. Il s'en contentera parfaitement le jour où il n'aura pas autre chose à se mettre sous la dent, mais tant qu'il recevra le pain de munition, le biscuit sera dé-laissé et consommé seulement de façon intermittente, le plus souvent en guise de passe-temps.

Que devient donc ce biscuit non utilisé? En hiver, malgré les défenses faites, la plus grande partie ali-mente non les hommes mais les poêles. En été, il est un peu moins gaspillé et il est possible de le vendre au profit de l'ordinaire. Mais comme cette façon de procé-der est interdite dans le plus grand nombre des corps de troupe, on le cède à bas prix et on inscrit la recette sous une rubrique déguisée.

De toute façon, il y a un gaspillage qu'il serait urgent de faire cesser dans l'intérêt de la troupe. Pourquoi les commissions des ordinaires ne passeraient-elles pas, en provoquant la concurrence, des marchés pour l'achat du biscuit d'économie? Les acheteurs ne manqueraient pas et nous sommes convaincu que l'on trouverait des acquéreurs au prix moyen de 15 francs le quintal.

Quant au gaspillage, il cesserait comme par enchantement lorsque les hommes auraient compris combien ils ont intérêt à l'éviter.

Il est à peu près certain, d'après une petite enquête à laquelle nous nous sommes livré personnellement, qu'un soldat ne consomme pas en moyenne plus de 40 grammes de biscuit par jour. C'est là un maximum, croyons-nous. L'économie est donc de 60 grammes, soit par an : $565 \times 60 = 21$ kilogr. 900. Si nous mettons le prix de vente moyen à 15 francs les 100 kilos, l'économie par an et par homme est donc de 3 francs 28 centimes. Ces chiffres n'ont rien d'exagéré et ils montrent tout simplement que sur l'effectif de notre armée, c'est tout près d'un million qui est gaspillé annuellement. Que de misères pourraient être soulagées avec ce million

Pour parfaire la cotisation annuelle de 3 fr. 65, ce ne serait pas trop demander à l'Etat, il nous semble, que le remboursement de la totalité des moins-perçus en pain au lieu de la moitié seulement, comme cela se fait dans l'état de choses actuel. Ce ne serait même pas une subvention que l'Etat nous accorderait, il ne ferait en somme que donner intégralement à chaque homme ce qui lui revient. Qui sait d'ailleurs si nous ne pourrions pas, à un moment donné et en temps de paix seulement, prendre à notre charge les dépenses supportées par le budget et occasionnées par les concessions de pensions pour infirmités, gratifications de réforme et secours aux anciens militaires. En tout cas, notre action, parallèle à celle de l'Etat, lui serait d'un grand secours et la compléterait très efficacement.

Nous ne croyons pas que l'on puisse nous opposer des arguments sérieux contre la vente du biscuit non utilisé. Ce serait une recette accessoire absolument comme celles provenant de la vente des eaux grasses, des croûtes de pain ou des boîtes vides de conserve, mais au lieu de la consacrer à l'amélioration de l'ordinaire, nous l'appliquerons au soulagement de ceux de nos soldats qui sont malheureux ou au soulagement de leur famille.

Il faut remarquer que les sous-officiers recevant l'indemnité représentative de pain ne perçoivent pas le biscuit. Leur cotisation devrait donc être prélevée sur leur solde proprement dite : il n'en est pas un seul qui ne consente de tout cœur à abandonner *un sou par prêt* pour bénéficier des avantages qui lui seront offerts.

A cette ressource fondamentale de un centime par journée de présence de sous-officier, de caporal ou de soldat, pourraient s'en ajouter d'autres.

Les maîtres ouvriers des corps de troupe qui n'emploient que la main-d'œuvre militaire et qui réalisent de ce fait de beaux bénéfices devraient être astreints à faire un versement supplémentaire pour chacun de leurs ouvriers. Le taux de ce versement serait déterminé par l'autorité militaire et la conséquence première de cette façon de procéder serait probablement une diminution du nombre des employés, ce qui serait déjà un résultat appréciable.

Les hommes qui sont occupés aux travaux agricoles en dehors de leur famille et qui, de ce fait, reçoivent un salaire, pourraient également augmenter leur cotisation pendant le nombre de jours de permission qui leur sont rémunérés.

Des personnes bienfaisantes ne manqueraient pas de s'intéresser à notre œuvre. Elle aurait des membres dits honoraires, bienfaiteurs ou donateurs, suivant l'importance de leur offrande. Des dons et legs pourraient lui être faits, sous réserve bien entendu de l'acceptation et de l'approbation de l'autorité militaire.

Enfin, les intérêts des fonds placés viendraient encore grossir le budget de ses recettes.

Comme on le voit, les ressources ne manqueraient pas et seraient à hauteur des besoins.

Telles que nous venons de les examiner, elles constitueraient en bloc ce que nous pourrions appeler le fonds social. Quel serait l'emploi de ce fonds social ?

Nous nous proposons deux choses : distribuer des secours en temps de paix et constituer un fonds de réserve pour le temps de guerre. Il reste à déterminer dans quelles proportions nous affecterions nos recettes à chacun de ces deux services.

Logiquement, la majeure partie doit être utilisée en temps de paix, nous pouvons donc admettre pour le moment et sauf modifications que nous suggérerait l'expérience, que les trois quarts de nos recettes devraient être dépensés en secours, le dernier quart servant à constituer le fonds de réserve.

D'ailleurs, si, en fin d'exercice, trimestriellement ou annuellement, il y avait un excédent trop considérable des recettes sur les dépenses, cet excédent pourrait, après décision de l'autorité militaire compétente, ou être reporté en entier ou partiellement à l'exercice suivant, ou être versé au fonds de réserve en plus du quart déjà prévu.

On voit donc que la caisse comprendrait deux catégories de fonds : les fonds disponibles et les fonds de réserve.

Pendant tout le cours d'un exercice, les fonds disponibles resteraient dans les caisses des corps, tout au moins jusqu'à concurrence d'une somme maximum à déterminer. Le surplus serait placé en dépôts à vue à la Caisse des dépôts et consignations, par exemple, ou dans tout autre établissement de crédit placé sous la surveillance de l'Etat.

A la fin de l'exercice, la part revenant au fonds de réserve lui serait versée, mais son montant ne devrait pas rester en caisse. Il devrait être placé, conformément à l'article 20 de la loi du 1er avril 1898 sur les sociétés de secours mutuels, c'est-à-dire en dépôt à la Caisse des dépôts et consignations, aux Caisses d'épargne, en rentes sur l'Etat, en obligations du Crédit foncier, des départements, des communes, etc. Les intérêts produits par ces placements seraient acquis au fonds de réserve.

En cas de guerre, celui-ci pourrait être réalisé en espèces et mis à la disposition du ministre de la guerre, mais sous réserve, lors du retour à l'état de paix, du remboursement intégral et sans intérêts des sommes prêtées et à condition que ces sommes soient ensuite exclusivement consacrées au soulagement des victimes de la guerre, sans préjudice des avantages qui auraient déjà été concédés à certaines d'entre elles en conformité des lois en vigueur.

Il serait logique de considérer comme faisant campagne les militaires en service aux colonies ou dans certaines colonies seulement. Les secours à leur allouer, le cas échéant, personnellement ou à leur famille, seraient prélevés sur le fonds de réserve, mais seulement en cas d'insuffisance des fonds disponibles et après décision du ministre de la guerre.

Nous aurions ainsi la joie d'apporter un utile témoignage de reconnaissance à ceux de nos braves petits soldats qui, au mépris de dangers de toutes sortes, vont, de leur plein gré, faire respecter le drapeau tricolore dans le monde entier.

Nous terminerons là ce rapide exposé, suffisant pour montrer, dans leurs grandes lignes, la provenance de nos ressources et l'emploi que nous en ferons. Nous préciserons davantage dans un prochain chapitre, et sous forme de projet de règlement ou de statuts, la nomenclature de nos recettes et de nos dépenses.

CHAPITRE II

Administration — Fonctionnement.

Il nous reste maintenant à examiner ce que pourraient être l'administration et le fonctionnement de la *Caisse mutuelle du soldat.* Rien ne serait plus simple : le personnel existe et il suffit de l'utiliser.

Voyons d'abord comment s'opéreraient les recettes. Tous les cinq jours ou tous les mois, le trésorier de chaque corps ou service retiendrait aux unités administratives, sur le montant des feuilles de prêt, un centime par journée de présence de sous-officier, de caporal ou de soldat. Chaque unité porterait en dépense sur son cahier d'ordinaire les sommes ainsi retenues, sauf toutefois celles correspondant au nombre de journées de présence des sous-officiers qui ne vivent pas à l'ordinaire et ne perçoivent pas de biscuit. Comme nous l'avons déjà dit, il serait retenu à chaque sous-officier un centime par jour sur sa solde proprement dite.

Le trésorier du corps ou service serait donc en même temps le trésorier de la caisse, dont il tiendrait la comptabilité, sous la direction et la responsabilité du conseil d'administration et sous la surveillance des fonctionnaires de l'intendance.

Cette comptabilité serait arrêtée à la fin de chaque trimestre et transmise par la voie hiérarchique au général commandant le corps d'armée qui pourrait, de plus, se faire tenir constamment au courant des ressources des caisses de sa région.

Les fonds disponibles pourraient, nous l'avons déjà dit, ou rester dans les caisses des corps, ou être placés en dépôts à vue. Quant aux sommes revenant au fonds de réserve, elles seraient centralisées. au chef-lieu de chaque région et placées en fin d'exercice, comme il a été dit précédemment.

Les dépenses seraient ordonnées par le général commandant le corps d'armée, sur la proposition des conseils d'administration ou des généraux commandants les subdivisions de région. Les demandes de secours devraient, en effet, être adressées au conseil d'administration de leur corps pour les militaires présents sous les drapeaux et au général commandant la subdivision de leur région, pour les hommes rentrés dans leurs foyers, ou pour les anciens militaires, les veuves et les orphelins.

Dans tous les cas, pour éviter toute espèce de contestation, le général commandant le corps d'armée prononcerait en dernier ressort et sans appel, mais toutes les demandes, sans exception, devraient être examinées.

Toutefois, les corps ou services auraient le droit d'engager, sans autorisation et lorsqu'ils le jugeraient à propos, les dépenses prévues aux paragraphes 3, 4 et 5 (frais de voyage de la famille en cas de maladie très grave, frais occasionnés par les funérailles en cas de décès, frais de voyage annuel des permissionnaires sans ressources, frais résultant du fonctionnement de l'office gratuit de placement et frais de bureau).

Il est bien évident que le ministre de la guerre aurait, soit directement, soit par l'intermédiaire des fonctionnaires du contrôle, la haute surveillance de l'ensemble des caisses de tout le territoire. Il pourrait même prescrire, s'il le jugeait utile, des virements d'une région à une autre.

Cette haute surveillance pourrait encore être exercée dans un ordre plus élevé par la commission instituée par les articles 34, 35 et 36 de la loi du 1er avril 1898 sur les sociétés de secours mutuels ; mais cette commission fonctionnerait, bien entendu, près du ministère de la guerre et non plus près du ministre de l'intérieur.

Voilà, résumés dans leurs grandes lignes, quels pourraient être approximativement l'administration et le fonctionnement de la *Caisse mutuelle du soldat*. Un règlement spécial devrait fixer les mesures de détail ; mais ce simple exposé montre suffisamment que la question serait très facile à résoudre, sans frais et par un petit surcroît de travail seulement, que les officiers comptables seraient heureux de s'imposer dans l'intérêt de la troupe.

TROISIÈME PARTIE

CONCLUSION

Avant de clore cette étude, on voudra bien nous permettre de lui donner plus de corps, en la résumant sous une forme à la fois plus claire et plus concise.

Il ne s'agit pas ici d'un projet de statuts, s'appliquant à une société de secours mutuels proprement dite, on le comprend facilement. Ce que nous préconisons, c'est la création d'une caisse destinée à venir en aide aux soldats malheureux et à leur famille, mais seulement pendant le temps qu'ils passent réellement sous les drapeaux comme hommes de l'armée active, réservistes ou territoriaux. C'est donc d'une institution purement militaire qu'il s'agit, institution qui, par conséquent, doit être placée sous la direction de l'autorité militaire et où la discipline doit conserver tous ses droits comme dans tout ce qui est militaire.

Nous ignorons absolument par quels moyens légaux pourrait être créée et organisée la *Caisse mutuelle du soldat*, mais nous croyons qu'il serait parfaitement possible d'en essayer le fonctionnement dans un corps d'armée ou même dans une subdivision de région. Quoi qu'il en soit, voici résumé, aussi brièvement que possible, le projet que nous venons de développer.

CHAPITRE PREMIER

FORMATION ET BUT

ARTICLE PREMIER. — Il est créé, sous le titre de *Caisse mutuelle du soldat*, une caisse de secours placée sous la haute direction du ministre de la guerre.

Elle a pour but de procurer, dans la limite des moyens dont elle dispose, aux sous-officiers, caporaux et soldats présents sous les drapeaux à un titre quelconque ou à leurs familles, sur leur demande et lorsque la nécessité en aura été reconnue, après enquête préalable par l'autorité militaire, les avantages suivants :

1° Secourir les hommes réformés par congé n° 1, lorsque la pension ou la gratification qu'ils auront obtenue sera reconnue insuffisante ;

2° Secourir les hommes réformés par congé n° 2 ;

3° Accorder des indemnités journalières proportionnées à leur salaire aux hommes de l'armée active, de la réserve et de l'armée territoriale qui quittent le service dans un état de santé qui ne leur permet pas de se livrer de suite au travail ;

4° Accorder aide et protection aux familles des hommes sous les drapeaux, lorsque ces familles sont dans l'impossibilité absolue de subvenir à leurs besoins ;

5° Augmenter les secours accordés aux veuves, descendants ou ascendants des hommes décédés à l'occasion du service, lorsque ces secours auront été reconnus insuffisants ;

6° Secourir les veuves, descendants ou ascendants des hommes décédés sous les drapeaux, mais par suite de causes étrangères au service ;

7° Procurer aux familles pauvres les moyens de se rendre auprès de leurs enfants gravement malades à l'hôpital ;

8° Supporter tout ou partie des frais des funérailles en cas de décès, y compris les frais de voyage de la famille ;

9° Procurer aux soldats, dont les parents sont dans l'indigence, les moyens pécuniaires d'aller en permission dans leur famille au moins une fois par an ;

10° Supporter les frais d'un office gratuit de placement pour les hommes de l'armée active qui se trouvent sans emploi au moment où ils quittent le service ;

11° Accorder aide et protection aux militaires qui se trouvent sans ressources lors de leur rentrée dans la vie civile ;

12° Accorder des secours exceptionnels aux anciens militaires, à leurs veuves et à leurs orphelins privés de moyens d'existence ;

13° Constituer un fonds de réserve dont les ressources ne seraient utilisées qu'en cas de guerre coloniale ou européenne.

CHAPITRE II

DIFFÉRENTES CATÉGORIES DE MEMBRES

ART. 2. — La *Caisse mutuelle du soldat* comprend :

1° Des membres participants ;
2° Des membres honoraires ;
3° Des membres donateurs ;
4° Des membres bienfaiteurs ;
5° Des membres d'honneur ;

ART. 3. — Sont membres-participants, de droit :

1° Les sous-officiers, les caporaux et soldats de l'armée active, depuis le moment de leur mise en route, jusqu'à celui de leur rentrée dans leurs foyers au moment de leur libération. Les militaires absents régulièrement continuent à bénéficier des avantages énumérés à l'article 1er, bien qu'il ne soit fait aucun versement pour eux pendant la durée de leur absence ;

2° Les réservistes et les territoriaux, pendant toute la durée de leur période d'instruction, y compris le voyage aller et retour de leur résidence au lieu de garnison et les journées d'absence régulière pour quelque motif que ce soit.

ART. 4. — Sont membres honoraires :

Les personnes, civiles ou militaires, qui feront à la caisse un versement annuel de 10 francs au minimum, sans participer aux avantages qu'elle procure.

ART. 5. — Sont membres donateurs :

Les personnes qui auront fait un versement de 100 francs, au moins, au profit de la caisse.

ART. 6. — Sont membres bienfaiteurs :

Les personnes qui auront fait un don ou un legs de 500 francs, au moins, au profit de l'œuvre.

ART. 7. — Les noms des membres donateurs et bienfaiteurs seront portés à la connaissance de la troupe par la voie de l'ordre.

ART. 8. — Sont membres d'honneur .

Les officiers de tous grades et les membres donateurs ou bienfaiteurs qui auront mérité ce titre par des services exceptionnels rendus à l'œuvre. Ils seront nommés par le ministre.

ART. 9. — Un annuaire spécial, publié chaque année, fera connaître les noms des membres d'honneur, ainsi que les noms des membres honoraires, donateurs et bienfaiteurs.

Cet annuaire sera imprimé aux frais de la caisse. Les membres donateurs et bienfaiteurs y figureront à perpétuité.

CHAPITRE III

ADMINISTRATION — FONCTIONNEMENT

ART. 10. — Le conseil d'administration de chaque corps de troupe est chargé de l'administration de la caisse, sous la surveillance des officiers généraux et des fonctionnaires de l'intendance et du contrôle.

Le général commandant le corps d'armée ordonne, quand il y a lieu, des virements de fonds entre les caisses de sa région. Dans les mêmes conditions, le ministre ordonne ces virements d'un corps d'armée à l'autre.

ART. 11. — Le trésorier de chaque corps de troupe tient toutes les écritures : registres des recettes et des dépenses, carnet de paiement à souche, contrôle des membres honoraires, donateurs ou bienfaiteurs, etc.

Il effectue toutes les recettes.

Il acquitte directement, après avis du conseil d'administration, les dépenses prévues aux paragraphes 7, 8, 9 et 10 de l'article 1er, ainsi que tous les frais d'administration en général.

Toutes les autres dépenses devront être ordonnées par le général commandant le corps d'armée.

Le trésorier arrête la comptabilité à la fin de chaque trimestre et transmet par la voie hiérarchique, au général commandant le corps d'armée, un extrait détaillé de cet arrêté, approuvé par le conseil d'administration.

Il est dépositaire des fonds disponibles et des titres ou valeurs non déposés à la Caisse des dépôts et consignations. Il en est responsable envers le conseil d'administration, sauf le cas d'accidents fortuits et de force majeure indépendants de sa volonté.

Il opère les dépôts de fonds à la Caisse des dépôts et consignations et les retraits de cette caisse sur l'avis du conseil d'administration et conformément au présent règlement.

Il est chargé de la tenue des archives et de leur conservation.

CHAPITRE IV

RECETTES

ART. 12. — Les recettes comprennent :

1° Une retenue de un centime par journée d'homme de troupe.

Cette retenue est faite par le trésorier du corps sur le montant des feuilles de prêt ;

2° Les versements des membres honoraires ;

3° Les intérêts des fonds placés ;

4° Les dons et legs dont l'acceptation aura été approuvée par le ministre de la guerre ;

5° Des subventions accordées par l'État (remboursement de la seconde moitié des moins-perçus en pain) ;

6° De toutes autres recettes autorisées par l'autorité militaire provenant de souscriptions, fêtes, quêtes, etc.

ART. 13. — Les sommes disponibles dans chaque caisse de corps ne devront pas dépasser 500 francs. A la fin de chaque trimestre, l'excédent, s'il y a lieu, sera déposé à la Caisse des dépôts et consignations.

Aucun dépôt ne sera effectué au cours d'un trimestre.

CHAPITRE V

DÉPENSES

ART. 14. — A la fin de chaque trimestre, le quart de l'ensemble des recettes prévues aux paragraphes 1, 2, 4, 5 et 6 de l'article 12 sera versé au fonds de réserve, à moins de dispositions contraires des donateurs (§ 4).

Les recettes du § 3 (intérêts et fonds placés) seront versées en entier au fonds de réserve.

Ce fonds de réserve sera placé à la Caisse des dépôts et consignations, en rentes sur l'Etat, en obligations du Crédit foncier, des départements ou des communes, etc., suivant décision du conseil d'administration approuvée par le général en chef.

ART. 15. — Les trois quarts des recettes prévues aux paragraphes 1, 2, 4, 5 et 6 de l'article 12 constitueront les fonds disponibles et serviront à faire face à toutes les dépenses.

Si, en fin de trimestre, l'excédent de recettes sur les dépenses est trop considérable, le général commandant le corps d'armée pourra prescrire qu'une partie de cet excédent soit versée au fonds de réserve, mais avec l'approbation du ministre de la guerre.

ART. 16. — En cas de guerre européenne ou coloniale, le fonds de réserve peut être mis, en totalité ou en partie, à la disposition du ministre de la guerre, à charge de remboursement lors du retour à l'état de paix.

Le fonds de réserve, en dehors du cas ci-dessus, ne peut servir qu'à allouer des secours aux victimes d'une guerre européenne ou coloniale.

CHAPITRE VI

ALLOCATIONS DE SECOURS

ART. 17. Les chefs de corps peuvent, quand ils le jugent utile, prendre l'initiative d'une proposition de secours en faveur des militaires sous leurs ordres ou de leurs familles.

Les généraux commandant les subdivisions de région peuvent, de même, proposer d'office pour l'obtention d'un secours, les anciens militaires ou leurs familles

(réservistes, territoriaux ou anciens soldats), en résidence sur le territoire qu'ils commandent.

Dans ces deux cas, les intéressés n'ont pas à faire de
demande. Leur dossier est transmis, par la voie hiérarchique, au général commandant le corps d'armée, avec
l'avis des généraux ou chefs de corps.

ART. 18. — Les hommes présents sous les drapeaux
qui croient avoir des droits à un secours, en font la demande à leur chef de corps. Celui-ci instruit cette demande et la transmet, avec son avis motivé et par la
voie hiérarchique, au général en chef.

ART. 19. — Les disponibles, les réservistes, les territoriaux, les anciens militaires et leurs familles, qui
se croient des droits à un secours, adressent leur demande au général commandant la subdivision de région dans laquelle ils sont domiciliés. Le général instruit cette demande et la transmet, avec son avis et par
la voie hiérarchique, au général commandant le corps
d'armée.

ART. 20. — Dans tous les cas, le général en chef pro-
nonce en dernier ressort. Il fixe la somme à allouer et
ordonne le paiement s'il y a lieu. Ses décisions sont sans
appel et les intéressés ne sont pas admis à faire aucune
réclamation.

Ils peuvent, toutefois, faire une nouvelle demande
si leur situation vient à s'aggraver.

ART. 21. — Si, pour une cause quelconque, la *Caisse
mutuelle du soldat* venait à cesser de fonctionner, les
sommes en caisse seraient mises à la disposition du ministre de la guerre qui devrait en disposer au mieux
des intérêts des anciens militaires.

CHAPITRE VII

DISPOSITIONS GÉNÉRALES

Art. 22. — Dans une certaine mesure, la haute surveillance du fonctionnement et de l'administration de la *Caisse mutuelle du soldat* peut être exercée par la commission dite « Conseil supérieur des sociétés de secours mutuels » instituée par les articles 34, 35 et 36 de la loi du 1er avril 1898. Cette commission fonctionnerait près du ministre de la guerre.

Art. 23. — Un règlement d'administration devra intervenir pour arrêter les mesures de détail propres à assurer l'exécution des présentes prescriptions.

Nous terminerons là cette étude, qui a pu paraître longue et qui est cependant trop courte pour l'importance et l'ampleur du sujet.

Nous ne reviendrons pas sur ce que nous avons écrit au début, mais nous dirons bien haut que nous avons eu en vue non seulement le bien-être matériel et moral de nos soldats, mais encore le maintien et le développement de l'esprit militaire dans la nation.

Mlle d'Erlaincourt a fondé les *Maisons du soldat*, M. Meurgé a créé les sociétés dites *des Amis de la classe*, on ne peut que s'incliner devant de semblables dévouements ; mais il faut bien reconnaître que ces généreux efforts sont insuffisants et ne répondent pas à tous les besoins. Nous croyons l'avoir démontré, et nous serons trop heureux si nous avons pu faire partager notre conviction, qu'il y a quelque chose de mieux encore à tenter en faveur de nos soldats, aussi bien des réserves que de l'armée active.

Il faut accepter toutes les bonnes volontés et tous

les concours partout où ils se rencontrent, mais leur action serait beaucoup plus efficace si elle était exercée et régularisée par ceux-là mêmes que leurs fonctions appellent à l'honneur du commandement, et la discipline n'y gagnerait pas moins que la confiance réciproque qui doit exister entre chefs et soldats.

La mutualité, que l'on rencontre partout dans la société civile, pénétrera tôt ou tard à la caserne.

Pour qu'elle porte tous ses fruits et pour qu'elle ne soit pas un germe d'indiscipline, nous croyons qu'il appartient à l'autorité militaire de l'organiser et de la diriger.

FIN

TABLE DES MATIÈRES

Ire PARTIE.

IIe PARTIE.

IIIe PARTIE.

Librairie militaire Henri CHARLES-LAVAUZELLE
Paris et Limoges.

Tenue de campagne et chargement du fantassin, par le capitaine VAULET, du 156e régiment d'infanterie. — Volume in-8° de 120 pages......... 2 »

Les deux généraux Cavaignac (souvenirs et correspondance), 1808-1848. — Volume in-8° de 272 pages.................................... 5 »

EXPLORATEURS ET SOLDATS. — **Marchand,** par le capitaine PAIMBLANT DU ROUIL. Lettre-préface du général A. LAMBERT. — Brochure in-8° de 40 pages, avec portrait hors texte................................ 1 50

Organisation de l'armée :

1re PARTIE. *Organisation générale.* (Loi du 24 juillet 1873.) Division militaire du territoire. Places fortes. Défenses des côtes. État-major général. Service d'état-major. Archivistes des bureaux d'état-major. (Edition mise à jour des textes en vigueur jusqu'au 15 février 1898.) — Volume in-8° de 288 pages, avec tous les modèles, broché, *franco,* 2 25; relié pleine toile gaufrée, *franco*.. 3 25

2e PARTIE. *Cadres et effectifs.* (Loi du 13 mars 1875.) Dispositions générales. Troupes (armée active). Dispositions générales et dispositions particulières à chaque arme. Armée territoriale. Armée coloniale. (Edition mise à jour des textes en vigueur jusqu'au 1er mai 1900.) — Volume in-8° de 304 pages, avec tableaux, broché, *franco,* 2 50; relié pleine toile gaufrée, *franco.* 3 50

3e PARTIE. — Administration de l'armée. Etablissements et services spéciaux destinés à assurer la défense du pays. Corps du contrôle de l'administration de l'armée. Etat-major particulier de l'artillerie. Etat-major particulier du génie. Service de l'intendance militaire. Service de santé. Service religieux. Vétérinaires militaires. Interprètes militaires. Recrutement et mobilisation. Affaires indigènes en Algérie et en Tunisie. Gendarmerie. Garde républicaine. Corps militaire des douanes. Corps des chasseurs forestiers. Auxiliaires indigènes employés en Algérie et en Tunisie. Musiques et fanfares. Cantinières-vivandières. (Edition mise à jour des textes en vigueur jusqu'au 25 septembre 1898.) — Volume in-8° de 356 pages, avec un modèle broché, *franco,* 3 »; relié pleine toile gaufrée, *franco*... 4 »

Gelures et insolations chez le soldat (en particulier sur les troupes d'infanterie en marche), par le docteur SAILLE, médecin-major de 1re classe. — Brochure in-8° de 76 pages...................................... 1 50

Perspective de guerre, par le général CH. PHILEBERT. — Brochure in-8° de 84 pages.. 2 »

Journal particulier d'une campagne aux Indes occidentales (1781-1782), par Joachim DU PERRON, comte de REVEL, sous-lieutenant au régiment de Monsieur-Infanterie. — Volume in-8° de 228 pages, avec 25 cartes, plans et croquis.. 5 »

Recueil de questions posées par M. le général PIERRON, membre du Conseil supérieur de la guerre, aux sous-officiers, caporaux et soldats, lors des inspections générales, avec les réponses à y faire (12e édition). — Brochure in-32 de 84 pages....................................... » 80

Le combat offensif du régiment encadré, par le chef de bataillon LECOUVAY, du 113e régiment d'infanterie. — Brochure in-32 de 84 pages......... » 75

PRINCIPES GÉNÉRAUX DU COMBAT EN ALLEMAGNE. — **Combat de l'artillerie.** — *Titre IV* du règlement de manœuvres pour l'artillerie de campagne allemande du 27 juin 1892. Traduction nouvelle accompagnée de notes. — Brochure in-8° de 52 pages....................................... 1 »

La théorie sur le tir appliquée au fusil modèle 1886, par le commandant breveté E. LAFARGUE, du 6e régiment d'infanterie. — Volume in-8° de 120 pages, avec 67 figures....................................... 2 50

Idées de progrès relatives au tir et à l'armement, par F. DE PARDIEU, capitaine breveté au 63e régiment d'infanterie. — Vol. in-8° de 112 p. 2 50